L'ORACLE DU Temple des étoiles

Titre original : *Star Temple Oracle*.
Publié pour la première fois en 2020 par Blue Angel Publishing.

Illustrations: © Laila Savolainen
Traduit de l'anglais par Marie-Noëlle Antolin.

ISBN : 978-2-36188-528-1

www.editions-tredaniel.com
info@guytredaniel.fr
www.facebook.com/editions.tredaniel
@editions_exergue
@tredaniel_eso

SUZY CHERUB
Illustré par Laila Savolainen

L'ORACLE DU
Temple des étoiles

ÉDITIONS
EXERGUE
27, rue des Grands-Augustins
75006 Paris

Dédicace

À Bec, ma fille de lune, sauvage et guerrière intrépide, à Steven, mon fils à l'esprit libre, imaginatif et éveillé, et à Tony, mon amour et le père adoré de nos enfants magiques.

À ma famille d'âmes, à mes guides spirituels et ancestraux, à mes enseignants et aux Sept Sœurs célestes des Pléiades.

À l'intelligence artistique de Laila et à la créativité émouvante de Caiti.

Je vous aime. Merci !

Sommaire

Famille Taygète

Famille Astérope

Famille Mérope

une profonde conviction prendre place dans votre temple intérieur :

Je suis la lumière de l'amour.

Apprenez à connaître intimement chaque carte en lisant et en comprenant les significations universelles. Cela étaiera votre confiance intuitive, renforcera vos pouvoirs féminins et vous unira aux Pléiades pour obtenir un soutien divin.

Pour obtenir des messages plus élevés, invoquez les Sept Sœurs des Pléiades en utilisant l'affirmation ci-dessous :

Je suis un pur canal de communication divine.

Dévotion au temple des étoiles : préparation énergétique

Afin d'ouvrir, d'initier et d'imprégner votre espace sacré avec une intention magique, vous pouvez avoir envie de pratiquer le rituel ci-dessous.

Entrez en vous et prenez trois profondes inspirations sacrées pour vous centrer. Puis, les paumes ouvertes et tournées vers la terre, dites : « Je ne fais qu'un avec la Terre mère. »

Les mains en position de prière devant votre chakra du cœur, dites : « Je ne fais qu'un avec mon oracle intérieur. »

En montant les mains jointes au-dessus de votre chakra couronne, dites : « Je ne fais qu'un avec les Sœurs des Pléiades. »

Alignement sur le temple des étoiles : connectez-vous à votre oracle intérieur

Prenez trois profondes inspirations purificatrices. Visualisez une grille de cristal étincelant en forme d'étoile autour de vous. Fusionnez avec elle et laissez-vous emporter dans le flux infini de la guidance intuitive prête à descendre sur vous.

Imaginez une lumière stellaire qui pénètre votre chakra couronne et aligne tous vos chakras. Ce pilier de lumière vous connecte aux Sept Sœurs des Pléiades, à votre oracle intérieur et à la Terre mère sous vos pieds. Voyez vos sept chakras principaux s'allumer et briller très fort, comme des cristaux stellaires miroitants.

Concentrez-vous sur la dévotion bienveillante, le service et la conscience de l'unité. Entrez dans votre temple intérieur pour chercher la sagesse intuitive. Sentez que vous êtes prête, ouverte et en alignement sur les courants de conscience les plus élevés. Entrez dans votre lumière d'amour avec confiance et dites l'affirmation suivante :

Je me connecte au réseau de lumière interstellaire pour une conscience supérieure.

Utiliser intuitivement *L'Oracle du temple des étoiles*

L'Oracle du temple des étoiles est un outil divin destiné à affiner votre intuition. Les Pléiades vous encouragent à plonger plus profondément dans chaque carte pour enrichir votre perspicacité instinctive et recevoir une guidance plus complète et pertinente.

Commencez votre interprétation intuitive en décidant d'une intention, d'une focalisation ou d'une question pendant que vous mélangez les cartes. Vous pouvez avoir envie d'utiliser l'une des dispositions ci-dessous ou d'en choisir une personnelle avec autant de cartes que vous le sentez. Étalez les cartes devant vous, puis interagissez avec le guide des Pléiades pour chacune (vous pouvez choisir d'avoir une conversation avec elles) et connectez-vous au chakra/portail correspondant.

Méditez sur les cartes et voyez les significations évidentes et génériques. Creusez plus profondément à la recherche de visions plus détaillées et observez les signes, les symboles, les mots, les couleurs et les images qui vous sautent aux yeux. Interprétez les messages que vous recevez grâce à tous vos sens médiumniques et croyez aux réponses que vous obtenez. Exprimez avec confiance les messages intuitifs reçus, concentrez-vous sur le service et terminez dans la gratitude votre tirage de *L'Oracle du temple des étoiles*.

Dispositions de L'Oracle du temple des étoiles

Sélectionnez parmi les dispositions ci-dessous celle qui répond le mieux à votre demande. Vous pouvez aussi utiliser une disposition personnelle ou laisser votre intuition vous souffler le nombre de cartes à tirer.

Message de l'étoile

Voici un tirage succinct d'une seule carte pour une guidance instantanée.

• Battez les cartes.

• Invoquez les Sept Sœurs des Pléiades pour vous soutenir.

• Posez une question, avec une fervente intention.

• Frappez les cartes pour les imprégner de lumière stellaire magique.

• Choisissez instinctivement une carte n'importe où dans le paquet.

• Accordez-vous à l'énergie de la carte pour une guidance claire.

• Utilisez votre intuition pour interpréter la signification plus profonde de la carte.

Visions cosmiques

Voici une disposition puissante à deux cartes pour un aperçu du moment présent et une guidance sur le futur proche. Les deux cartes sont des portails stellaires vers une compréhension plus profonde.

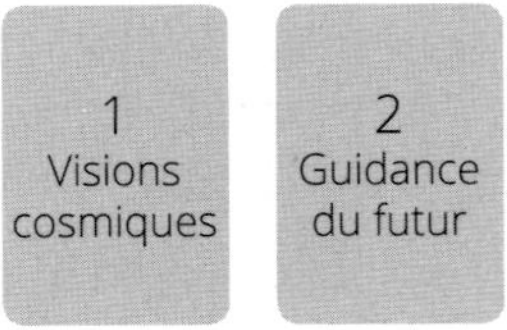

- Battez les cartes.
- Invoquez les Sept Sœurs des Pléiades pour vous soutenir.
- Posez une question, avec une fervente intention.
- Frappez les cartes pour les imprégner de lumière stellaire magique.
- Choisissez instinctivement deux cartes n'importe où dans le paquet.
- Posez-les côte à côte comme sur le schéma.
- Accordez-vous à la disposition « visions cosmiques » pour une guidance claire.

• Consultez le guide d'utilisation et servez-vous de votre intuit on pour interpréter la signification de chaque carte.

Grille triple

Voici une disposition à trois cartes pour une prise de décision.

• Battez les cartes.

• Invoquez les Sept Sœurs des Pléiades pour vous soutenir.

• Avec une fervente intention, concentrez-vous sur le défi.

• Frappez les cartes pour les imprégner de lumière stellaire magique.

• Choisissez instinctivement trois cartes n'importe où dans le paquet.

• Posez-les côte à côte comme sur le schéma.

• Accordez-vous à la disposition « grille triple » pour une guidance claire.

• Consultez le guide d'utilisation et utilisez votre intuition pour interpréter la signification de chaque carte.

Étoile

Voici une disposition à cinq cartes pour une guidance cosmique. Les cinq cartes sont des portails stellaires vers une compréhension plus profonde.

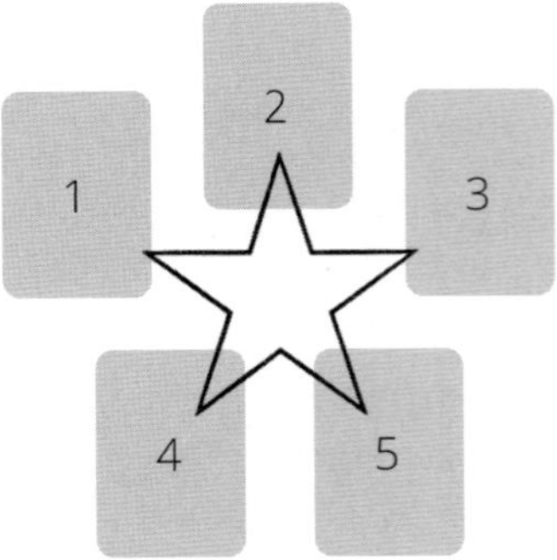

• Battez les cartes.

• Invoquez les Sept Sœurs des Pléiades pour vous soutenir.

• Posez une question ou concentrez-vous sur un problème, avec une fervente intention.

• Frappez les cartes pour les imprégner de lumière stellaire magique.

• Choisissez instinctivement cinq cartes n'importe où dans le paquet.

• Disposez-les comme sur le schéma.

• Accordez-vous à la disposition en étoile pour une guidance claire.

• Interprétez intuitivement la signification de chaque carte.

• Incarnez les qualités de l'étoile et élevez-vous.

Carte 1 : étoile descendante – lâcher prise

Carte 2 : étoile montante – accueillir

Carte 3 : étoile du matin – créer

Carte 4 : lumière stellaire – nourrir

Carte 5 : étoile brillante – résultat

Sept Sœurs

Voici une disposition en profondeur, à sept cartes, pour une guidance libératrice. Les sept cartes sont des portails stellaires vers une compréhension plus profonde.

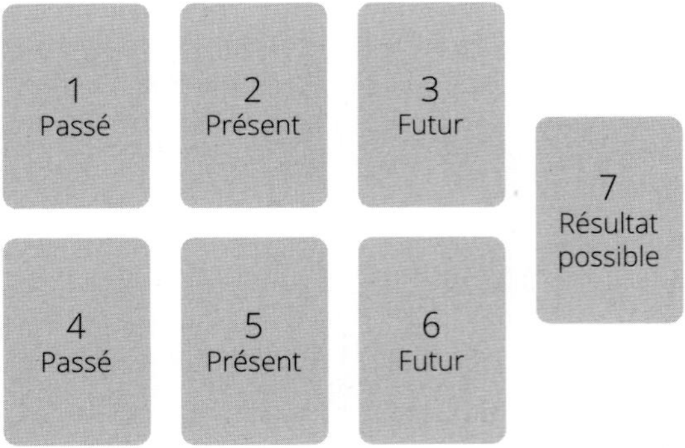

- Battez les cartes.

- Invoquez les Sept Sœurs des Pléiades pour vous soutenir.

- Posez une question ou concentrez-vous sur un problème, avec une fervente intention.

- Frappez les cartes pour les imprégner de lumière stellaire magique.

- Choisissez instinctivement sept cartes n'importe où dans le paquet.
- Disposez-les comme sur le schéma.
- Accordez-vous aux Sept Sœurs pour une guidance claire.
- Consultez le guide d'utilisation et utilisez votre intuition pour interpréter la signification de chaque carte.

Famille Maïa

Maïa

Maïa est la quatrième étoile en termes de brillance parmi l'amas stellaire des Pléiades et l'aînée des Sept Sœurs. Son nom signifie « sage-femme » en grec et elle est connue pour sa nature maternelle et nourricière.

Chakra : racine

Cristal : rubis

Bref historique et mythologie : Maïa est la mère d'Hermès, le dieu messager. Elle l'aurait mis au monde dans une grotte du mont Cyllène après son union avec Zeus. Nourricière par nature, Maïa éleva aussi Arcas, le fils de Zeus et de Callisto, après qu'Héra, la femme de Zeus, eut changé Callisto en ourse lors d'une crise de jalousie. L'histoire de Callisto et d'Arcas, comme celle des Pléiades, a été associée à leurs propres constellations appelées Grande et Petite Ourse.

Archétype : la sage-femme / l'aïeule

Comme la sage-femme soutient la mère dans son travail pour délivrer l'enfant, cet archétype soutient vos créations du cœur. Sous cet aspect, Maïa incarne la déesse mère, la créatrice empathique, nourricière et puissante. Elle indique la connexion du chakra racine avec la mère terrestre et cosmique. Maïa représente également l'archétype de l'aïeule. Sous cet aspect, elle personnifie la sagesse perspicace et la conscience intuitive. Vous êtes encouragée à invoquer l'aïeule pour sa sagesse profonde qui donne naissance à des chemins de conscience plus élevés et à une cocréation divine.

1. L'AÏEULE

Enseignante

Je suis l'enseignante qui mène à la connaissance de soi.

Mots-clés : enseigner, diriger, sagesse intérieure

Vous avez bien compris ! Tout ce que vous devez savoir se trouve déjà en vous. La vie vous a appris à rester en arrière. Avoir confiance et croire en vous pourra vous donner l'aptitude de vous mener dans la bonne direction et d'offrir aux autres une guidance avisée.

Maïa, sœur aînée des Pléiades et aïeule, vous aide à obtenir de nouvelles visions et compréhensions grâce à vos canaux intuitifs, et à transformer votre connaissance en sagesse. Votre façon empathique de les diriger incite gentiment les autres à grandir et à évoluer.

2. ZEUS LE BIEN-AIMÉ

Amoureux

Cette union cosmique sera d'une grande importance.

Mots-clés : synergie, partenariat divin, cocréer

Si vous êtes actuellement célibataire, ce portail stellaire symbolise une connexion spirituelle passionnée et fidèle qui vient à vous. Un nouvel amour à l'horizon ! Autrement, cette carte signale l'approfondissement d'une relation existante dans une plus grande intimité et une connexion plus forte.

Quoi qu'il en soit, vous vous poussez mutuellement vers les étoiles ! Vous cocréez la réussite en synergie. Maïa vous encourage à intégrer le féminin et le masculin sacrés afin d'attirer et d'épanouir l'amour multidimensionnel que vous méritez.

3. LE MESSAGER AILÉ

Création

Un cap spirituel inspire mon flux créatif.

Mots-clés : créer, inspirer, guider

Guide céleste et fils de Maïa, Hermès inspire la créativité alignée sur vos visions. Après tout, le rêve est une sorte de planification. Vos instincts créatifs s'écoulent par la méditation, la connexion transcendante et l'intention focalisée.

Vous êtes peut-être artiste, musicienne, auteure, oratrice ou tout à fait autre chose. Peu importe la forme que prend votre créativité ! Laissez-vous aller aux délices de votre imagination. Embrassez votre inventivité. Oubliez la perfection et immergez-vous plutôt dans l'expression unique et authentique.

4. LA SAGE-FEMME UNIVERSELLE

Naissance

Je donne naissance à des missions sacrées et productives.

Mots-clés : fertilité, commencement, ouverture

Une étoile est née ! Maïa, la sage-femme universelle, vous soutient pour vous ouvrir en grand afin de concevoir, de recevoir et de délivrer consciemment votre création divine. C'est la phase de naissance d'une conscience de cohésion issue du mariage sacré du féminin et du masculin divins.

Vous entrez dans une nouvelle ère qui voit s'élever le féminin pour venir s'équilibrer avec le masculin. Connectez-vous à l'énergie nourricière de Maïa pendant que la spirale de création se tisse dans une union euphorique et que vous donnez naissance à un bébé, un commencement ou une mission bénis.

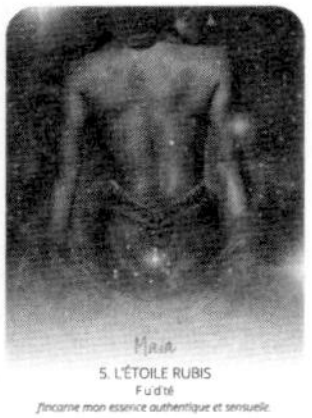

5. L'ÉTOILE RUBIS

Fluidité

J'incarne mon essence authentique et sensuelle.

Mots-clés : joie, sensation, scintillement

L'étoile rubis symbolise le vortex énergétique du chakra racine, situé à la base de la moelle épinière. Le portail stellaire rouge mène à la réalisation et à l'enracinement de vos désirs les plus profonds. L'esprit cristallin du rubis personnifie la vitalité, l'envie brute pour la passion et la soif de plaisir.

Ce partenariat collaboratif incarne votre authenticité et votre sensualité sacrées. Maïa vous encourage à entrer profondément dans vos sens pour établir le pouvoir, la force et la fluidité de votre sensualité afin de vous épanouir et pas seulement de survivre.

6. LA REINE AMAZONE
Bataille
Je suis une guerrière dévouée de l'univers.

6. LA REINE AMAZONE

Bataille

Je suis une guerrière dévouée de l'univers.

Mots-clés : courage, résolution, paix

La reine amazone est là pour vous rappeler qu'il y a une grande puissance et une grande force derrière votre douceur. Le temps est venu pour vous d'être une activiste pacifiste pour la guérison et l'équilibre du monde. Il est possible que vous le fassiez à votre manière, celle qui vous semble la plus juste intuitivement.

Arborez fièrement vos cicatrices de guerre, car ces marques symbolisent les courageuses batailles de la vie que vous avez endurées et surmontées. Plus forte et plus sage, vous vous élevez dans la dignité. Vous êtes une voix et une dirigeante courageuse pour la transformation pacifique.

Famille Alcyone

Alcyone

Alcyone est l'étoile la plus brillante des Pléiades, qui a une envergure dix fois plus large que celle du soleil et qui brûle à des températures extrêmes. On l'appelle « la centrale » en référence à son emplacement au centre de la constellation. En grec, Alcyone signifie « martin-pêcheur ».

Chakra : sacré

Cristal : pierre de lune

Bref historique et mythologie : Alcyone est la mère de nombreux enfants adorés, dont font partie Épopée, dont le nom signifie « voyant », et Aethuse, la déesse du soleil. Selon la légende, Alcyone et son mari Céyx vivaient une telle passion amoureuse qu'ils s'appelaient l'un l'autre Zeus et Héra, comme le roi et la reine des dieux. Zeus, furieux de l'apprendre, punit le couple en coulant le bateau sur lequel voyageait Céyx. On dit qu'Alcyone fut tellement anéantie par la mort de son mari qu'elle se jeta dans l'océan pour le rejoindre dans le monde des esprits. Les dieux les transformèrent alors en martins-pêcheurs. Le terme grec pour le martin-pêcheur est *halcyon*, en référence à son association avec Alcyone.

Archétype : l'impératrice

L'impératrice souveraine est l'archétype féminin divin le plus incarné et le plus ancré. Sous cet aspect, Alcyone est fièrement assise sur son trône, en dirigeante affirmée. Elle se montre comme une pionnière intuitive et confiante qui rayonne comme un phare de lumière pour les autres, afin qu'ils puissent pleinement incarner leur caractère sacré. En tant qu'impératrice ardente, enchanteresse brûlante et amoureuse passionnée, Alcyone allume le feu dans votre chakra sacré. Elle a un sens puissant de sa sensualité et de son pouvoir féminin. Sa mission globale consiste à élever la conscience collective pour l'unité. Invoquez Alcyone pour déclencher et accélérer votre pouvoir personnel et votre but supérieur.

7. L'ENCHANTERESSE COSMIQUE
Sorcellerie
J'attire un flot régulier d'abondance.

7. L'ENCHANTERESSE COSMIQUE

Sorcellerie

J'attire un flot régulier d'abondance.

Mots-clés : souhait, exploiter, magie

La sorcellerie décrit la pratique intentionnelle de réaliser tous vos souhaits. Cette carte indique que c'est une période puissante pour vos matérialisations ! Alcyone, la Sœur de l'enchantement, vous assure que tout est possible avec un intérêt profond, de la concentration et de la foi en action.

Votre sens unique de la magie réalise des miracles dans votre vie. Vous êtes une grande jeteuse de sort, qui sait exploiter tout ce qu'il faut pour attirer un flot régulier d'abondance. Une intention d'amour vous attire l'amour. Lancez-vous avec confiance, et vous serez soutenue et récompensée.

8. L'IMPÉRATRICE DE LA NUIT

Finale

Après l'orage, j'émerge comme une nouvelle étoile brillante.

Mots-clés : fin, chagrin, s'élever

L'impératrice de la nuit vous réconforte pendant cette période sombre et vous assure que cet orage passera bientôt. Après la tornade viendra une plage de calme et de paix dans le ciel nocturne. Ayez confiance, sachez que vous referez surface et vous élèverez comme une nouvelle étoile brillante.

Lâchez prise de vos attentes et ouvrez-vous afin d'avoir la place de grandir. Offrez-vous le temps et l'espace de faire le deuil des promesses du passé et de trouver la gratitude pour les leçons et les bienfaits. Comprenez que vous danserez et rayonnerez de joie à nouveau parmi les étoiles de vos Sœurs des Pléiades.

9. ÉPOPÉE LE VOYANT

Visionnaire

Je trace étoiles et symboles pour pratiquer la magie.

Mots-clés : voyance, signes, symboles

Épopée, le fils d'Alcyone, est un visionnaire intuitif qui a le génie clairvoyant de remarquer et d'interpréter les signes magiques pour prévoir et concrétiser. Il vous révèle que vous avez le potentiel pour une vision transcendante, pour l'astrologie et les pouvoirs magiques. Ouvrez les yeux et voyez les signes !

Le nom d'Épopée signifie « qui voit tout » et le corbeau, son esprit animal, symbolise la magie. Son totem est une paire de cornes qui représentent sa sagesse divine. Invoquez-le pour une guidance spirituelle destinée à comprendre et à déchiffrer vos visions, vos symboles et vos rêves prophétiques. Le fait d'incarner les qualités divines d'Épopée vous ouvrira des voies mystiques.

10. AETHUSE, DÉESSE DU SOLEIL

Décollage !

J'ouvre mes sens à la passion et au délicieux plaisir.

Mots-clés : commencer, changer, jouer

Aethuse, la fille de lumière d'Alcyone, apporte la nouvelle d'un nouveau départ et de débuts exaltants. En tant que déesse du soleil, elle vous encourage à vous lever comme lui et à danser avec les étoiles ! Soyez joueuse et ouverte au changement, et vous serez pleine de vie à nouveau.

Les projets que vous mettez en place maintenant sont promis à l'abondance et au succès. Votre organisation personnelle et spirituelle apportera des changements miraculeux dans votre vie. Appréciez le voyage et fêtez les réussites sur votre chemin avec gratitude.

11. L'ÉTOILE PIERRE DE LUNE

Passion

Je passe un portail d'amour euphorique.

Mots-clés : sensualité, expression, liberté

L'étoile pierre de lune indique la synergie du chakra sacré et de l'essence magique de la pierre de lune. Situé juste au-dessous du nombril, ce chakra de couleur orange est une zone puissante de plaisir. Lorsqu'il est associé à la pierre de lune opalescente, il débloque les portails de l'amour. Cette collaboration cocréative amplifie l'expression sensuelle, le pouvoir personnel et l'amour de soi. Elle ouvre des voies puissantes à l'amour euphorique.

Une nouvelle relation aguichante est en instance, ou le renouveau d'une relation existante. Alcyone, l'étoile pierre de lune, vous encourage à prendre à bras-le-corps ce nouveau départ.

12. LA CHASSERESSE

Quête

Les Pléiades illuminent ma quête de liberté et d'extravagance.

Mots-clés : fille, but, chasse

Déesse lunaire et chasseresse, Artémis vous guide pour incarner votre authenticité insouciante et désinhibée. Comme vous, elle a toujours gardé un œil sur la récompense ! Par une volonté concentrée, un but véritable et la foi dans vos actions, vous atteindrez votre cible.

Artémis vous encourage à rester sur votre piste. Ne vous laissez pas distraire et vous triompherez. Vous avez bien compris ! Faites-le à votre gré et amusez-vous. Avec la lune, Artémis et les Sœurs des Pléiades, votre intention est amplifiée et votre quête promet d'être fructueuse.

Famille Électre

Électre

Électre est la troisième étoile en termes de brillance dans la constellation des Pléiades. Cette étoile lumineuse clignote avec éclat à cause de sa rotation très rapide. Son nom signifie « ambre », et elle est souvent représentée comme une déesse dorée associée à la lumière, à l'orage, aux montagnes et aux nuages.

Chakra : plexus solaire

Cristal : ambre

Bref historique et mythologie : Électre était la femme de Corythos, le roi italien pragmatique, mais elle était aussi amoureuse de Zeus avec passion. Elle était mère de deux fils, Iasion et Dardanos. Le plus jeune, Dardanos, allait devenir le fondateur et le roi guerrier de la célèbre ville de Troie. Lorsque Troie fut défaite, on dit qu'Électre pleura d'innombrables larmes dorées et disparut du ciel, ce qui lui valut le surnom de « l'étoile égarée ».

Archétype : l'éveilleuse

L'archétype de l'éveilleuse active la croissance et l'équilibre spirituels grâce aux influences féminines du chagrin et de la vulnérabilité. Après l'orage vient le calme. En tant qu'éveilleuse, Électre déclenche l'éveil spirituel et l'ascension collective. Ses larmes éveillent l'humanité avec compassion, empathie et douceur pour l'éternité. Elle initie un enseignement profond de l'âme en vous encourageant à plonger au cœur de l'ombre pour libérer les croyances limitées, les blessures du passé et le chagrin incrusté. Appréciez les leçons et leurs bienfaits avec gratitude et compassion pour vous-même. Le plexus solaire est le portail sacré pour accéder à ce profond éveil spirituel.

13. DÉESSE DE L'ÉQUILIBRE

Égalité

Je crée et j'accueille des relations réciproques.

Mots-clés : limites, donner, prendre

Électre, la déesse de l'équilibre, vous incite à établir de saines frontières dans vos relations et vos interactions avec les autres. Les limites floues sont porteuses de confusion, de ressentiment et de disharmonie dans votre vie. Soyez claire sur ce que vous voulez et sachez que vous méritez des relations réciproques et équilibrées où donner et prendre sont à égalité.

Sachez reconnaître vos limites et demander de l'aide quand vous en avez besoin. Ouvrez-vous pour recevoir de bonne grâce et laissez les autres vous faire des cadeaux. Électre vous aide à briser les schémas relationnels qui ne vous servent plus.

14. L'ÉTOILE ÉGARÉE

Renaissance

Sortir de l'ombre, entrer dans la lumière.

Mots-clés : perte, revers, force

Vous vous sentez peut-être perdue ou abattue comme si tout s'effondrait et sombrait autour de vous. N'abandonnez pas, ne soyez pas découragée ! Il y a une lumière au bout du tunnel. Vous trouverez le chemin pour sortir de ce chaos !

Électre, l'étoile égarée, vient vous signaler que ce revers est momentané. Sachez que vous pouvez et allez surmonter n'importe quelle pluie de météorites sur votre chemin. Vous retrouverez votre Voie lactée céleste. Cette expérience ne fait que vous rendre plus forte et plus sage. Avancez dans la confiance d'être vue, entendue et appréciée. N'atténuez votre éclat devant rien ni personne !

15. L'ÉVEILLEUSE

S'élever

J'émerge des cendres comme le soleil levant.

Mots-clés : spirale, s'éveiller, jaillir

Électre apparaît comme éveilleuse à ceux qui sont sur la pente glissante de l'autosabotage pour qu'ils se lèvent, sortent de leurs cendres et montent vers les étoiles en s'élevant comme le soleil doré. L'université de la vie vous a beaucoup appris, vous avez peut-être même touché le fond, mais la croissance de votre âme a été accélérée par les chocs implacables et les dures leçons de vie que vous avez connus dans le passé.

Abandonnez tous les regrets avec compassion et comprenez que vous êtes revenue sur votre chemin le plus élevé, le plus joyeux et le plus doré. Plus forte et plus sage, vous persévérez avec confiance.

16. L'ÉTOILE DU MATIN
Éclat
Je vise les étoiles ! Briller est mon droit inné.

16. L'ÉTOILE DU MATIN

Éclat

Je vise les étoiles ! Briller est mon droit inné.

Mots-clés : dynamisme, persévérance, triomphe

Vous êtes destinée à la grandeur ! Le roi Dardanos de Troie, fils d'Électre, vous rappelle que vous n'en êtes qu'aux prémices. Sachez que votre désir et votre inspiration trouveront le succès que vous méritez. Diffusez votre vision avec confiance. Injectez votre enthousiasme personnel dans votre mission spirituelle. Maintenez un rythme magique avec une foi indéfectible. Restez sur votre voie et faites confiance au plan divin.

Imprégnez le voyage de votre âme d'un zeste de courage et vous attirerez les ressources nécessaires pour vous aider à accomplir vos rêves. Vous aurez le triomphe en héritage.

17. L'ÉTOILE AMBRE

Lâchez prise !

J'abandonne et je m'autorise à pleurer.

Mots-clés : désillusion, deuil, pouvoir

L'étoile ambre est l'association du chakra du plexus solaire et de l'esprit du cristal d'ambre. Le plexus solaire est le chakra situé au-dessus du nombril et sous le sternum. Lorsqu'il s'associe à l'esprit passionné de l'ambre, ce vortex énergétique est le centre de la perception, du pouvoir personnel et de la personnalité.

Le côté sombre du plexus solaire est le chagrin. En tant qu'étoile ambre, Électre vous incite à pleurer intentionnellement, à lâcher prise et à soulager toutes les blessures du passé auxquelles vous restez accrochée. Le pardon n'est que l'abandon conscient destiné à retrouver la paix et la joie. En le pratiquant, vous revendiquez votre pouvoir sacré.

18. L'ÉTOILE BRILLANTE
Rayonner
Je n'affaiblis plus ma lumière. Je rayonne à la vue de tous.

18. L'ÉTOILE BRILLANTE

Rayonner

Je n'affaiblis plus ma lumière.
Je rayonne à la vue de tous.

Mots-clés : affaiblir, briller, voir

Enfant des étoiles, n'affaiblis jamais plus ta lumière ! Cette carte symbolise un progrès positif pour vous. Laissez briller votre lumière pour attirer des personnes et des situations d'une haute fréquence vibratoire en résonance avec votre vibration magnétique. Cela encourage aussi les autres à briller de même.

Maîtrisez votre pouvoir intérieur et rayonnez dans le monde pour attirer avec exubérance tout ce que vous désirez. Sachez que vous méritez le meilleur. Électre vous élève jusqu'au temple des étoiles afin que vous incarniez votre souveraineté et votre éclat.

Famille Céléno

Céléno

Céléno est la plus petite étoile de la constellation des Pléiades et la plus jeune des Sept Sœurs. Elle est bleue et blanche, mais à cause de sa taille et de sa situation en périphérie, elle est difficile à observer à l'œil nu. Son nom signifie « obscurité » ou « noirceur ».

Chakra : cœur

Cristal : jade

Bref historique et mythologie : il ne faut pas la confondre avec la harpie grecque du même nom : Céléno est plus connue pour sa relation amoureuse avec Poséidon, le dieu grec de la mer. On dit qu'elle eut de nombreux enfants. Avec Poséidon, elle mit au monde deux fils, Lycos qui allait devenir roi de Thèbes et Eurypyle qui fut roi de Cyrène. Céléno avait beau être la plus jeune des Sept Sœurs, elle était farouchement indépendante, très sage et grandement intuitive.

Archétype : l'oracle
En tant qu'oracle dévoué, Céléno soigne et émancipe par sa guidance médiumnique et son don de prophétie venant du cœur. Cet archétype féminin divin représente le médium illuminé qui offre des visions utiles et des prédictions avec une conscience intuitive et l'assistance de ses guides spirituels bienveillants. Elle est celle qui parle au cœur, médium et intermédiaire qui bâtit des ponts entre le ciel et la terre. L'attachement de Céléno à se mettre au service sacré de l'illumination du collectif universel personnifie le dévouement, la perspicacité spirituelle et l'amour inconditionnel.

En tant que benjamine, Céléno représente également les archétypes de la vierge et de la fille dans la famille. Sous ces aspects, elle offre la pureté et la vérité spirituelles, sans influence de conditionnement social. Elle nous connecte à notre intelligence du cœur pour augmenter notre clairsentience (« sentiment psychique clair ») et notre empathie. Le chakra du cœur est son portail sacré vers la connaissance cosmique et l'amour divin.

19. L'ORACLE

Prévisions

Je suis l'oracle. Mes visions intuitives s'écoulent librement.

Mots-clés : prévoir, deviner, prédire

Malgré son rang de plus jeune sœur des Pléiades, Céléno est l'oracle très sage et intuitif du temple des étoiles. Elle vous apparaît maintenant pour vous guider dans votre quête spirituelle de l'illumination. Céléno affirme que vous êtes également un oracle de lumière. Vous possédez le don de la prophétie et la capacité d'allumer votre torche intuitive pour mener et éclairer les âmes perdues.

Reconnaissez votre intelligence intuitive et concentrez-vous sur le service. Voyez, sentez et exprimez votre conscience innée avec des intentions honorables. Ayez confiance en votre oracle intérieur et en votre lien cosmique avec le Divin.

20. LE TEMPLE INTÉRIEUR

Leçons de vie

Je visite mon côté obscur pour ma croissance spirituelle.

Mots-clés : croissance, écho, lueur

Reconnaissez et intégrez à la fois la lumière et l'ombre intérieures ! Céléno vous encourage à plonger au fond de votre obscurité pour découvrir les croyances limitatives, les comportements d'autosabotage et les schémas qui ne vous sont plus utiles. Affrontez votre ombre, le cœur ouvert. Soyez authentique, mais ne vous maltraitez pas. Soignez votre cœur avec compassion et ressentez de la gratitude pour les leçons et les bienfaits.

Ce qui est dehors comme ce qui est dedans ! La méditation apporte la conscience, les réponses et la paix. Votre oracle intérieur approuve la prière de dévotion. Une pratique méditative intuitive et implorante accélérera bientôt votre croissance spirituelle.

21. L'ENCHANTERESSE

Rêve

Je fais un vœu sur une étoile et mes rêves se réalisent.

Mots-clés : espoir, concrétiser, célébrer

Céléno l'enchanteresse vous encourage à viser les étoiles ! Vos visions et l'espoir au cœur, vos souhaits seront exaucés. Amusez-vous et célébrez vos réussites et vos triomphes tout au long du chemin. Un rythme de progression magique mène à de grandes récompenses. Suivez les désirs de votre cœur avec optimisme et béatitude.

Le ciel est votre limite, et l'univers est en expansion, vous pouvez donc rêver avec excès. Les provisions sont infinies pour tout le monde. Céléno est là pour vous aider à réclamer votre héritage divin avec une gratitude sincère.

22. L'ENFANT SACRÉ

Graine d'étoile

Je suis un enfant divin de l'univers.

Mots-clés : élever, idéalisme, mission

Vous êtes un enfant céleste du cosmos avec une double mission particulière : élever votre propre conscience spirituelle ainsi que celle du collectif. Vous êtes une âme ancienne qui a la vocation divine d'éveiller l'humanité pour le plus grand bien. Comprenez que votre noble mission est divinement guidée par les Sœurs des Pléiades.

Céléno vous aide à réaliser que vous êtes un enfant béni destiné à devenir un canal de lumière et d'amour. Indépendamment de votre enfance, reconnaissez que vous êtes une expression de la divinité et un phare dans le monde.

23. L'ÉTOILE JADE

Abandonner

Je suis prête à lâcher prise dans l'autocompassion.

Mots-clés : non, renoncer, fermeture

L'étoile jade représente l'union du chakra du cœur et du joyau de jade impérial. Cette alliance énergétique du vortex et du cristal est un accord passé au ciel. C'est là que l'amour sous toutes ses facettes étincelantes est ressenti le plus profondément. Le jade est une pierre précieuse qui amplifie l'amour inconditionnel, l'empathie et l'opulence.

Le sens psychique associé au cœur est la clairsentience (« sentiment psychique clair »). Par un abandon intentionnel et par un sentiment du pouvoir de l'amour, une profonde guérison est possible. Céléno vous aide à vous connecter à l'unité du cœur par le portail énergétique de l'amour.

24. LA PETITE ÉTOILE
Divin
Mon enfant intérieur est parfait et complet

24. LA PETITE ÉTOILE

Divin

Mon enfant intérieur est parfait et complet.

Mots-clés : englober, fusionner, revivre

En tant que plus petite étoile des Pléiades, Céléno vous soutient pour soulager votre enfant intérieur. Cela demande du courage, une profonde contemplation et de l'assiduité pour guérir les blessures du passé, les croyances limitatives et les fractures du cœur issues de l'enfance. Vos sentiments sont importants. Communiquez avec authenticité pour gagner l'harmonie intérieure et le soulagement.

Embrassez votre enfant intérieur avec une compassion bienveillante, et votre chère âme se sentira unifiée et réintégrée. L'innocence de votre jeunesse revient. Vous êtes ressuscitée ! Demandez-vous ce qui allume votre joie. Redécouvrez l'allégresse et laissez rayonner votre enfant intérieur.

Famille Taygète

Taygète

Taygète est une étoile binaire et l'une des plus brillantes de la constellation des Pléiades. Elle est connue comme la « maîtresse des animaux » en raison de sa forte affiliation avec le désert et les animaux sauvages.

Chakra : gorge

Cristal : aigue-marine

Bref historique et mythologie : étoile double de l'amas des Pléiades, Taygète est aussi considérée par certains comme la sœur jumelle d'Artémis, la déesse grecque de la chasse, protectrice des animaux sauvages et tisserande magique puissante. Ces jumelles aux mêmes goûts sont plus heureuses quand elles courent librement dans la forêt, à défendre la communauté féminine, les enfants et les animaux.

Selon la légende, Zeus poursuivait Taygète avec acharnement malgré son rejet répété. Pour sa protection, Artémis la déroba aux yeux de Zeus en la transformant en biche aux cornes dorées. Cependant,

Zeus ne fut pas dupe et la retrouva. À la suite de leur accouplement, Taygète conçut et mit au monde Lacédémon, le fondateur mythique et roi de Sparte.

Grâce à son fils, Taygète est également connue comme reine de Sparte. Cependant, elle se sentait toujours plus à l'aise dans la nature que sur un trône. Le mont Taygète en Laconie est son mausolée sacré.

Archétype : la conteuse

Le conteur est le gardien de tout savoir, de toute sagesse et de toute vérité. En tant que conteuse, Taygète est la narratrice de sa vie, provoquant la croissance personnelle et l'évolution spirituelle par le partage d'histoires intentionnelles. Elle vous aide à chercher la sagesse dans vos propres histoires, à progresser sans crainte sans rester coincée dans un schéma répétitif qui ne vous sert plus. On trouve la liberté dans la poursuite attentive de la conscience spirituelle et du profond lâcher-prise. Taygète se relie au chakra de la gorge pour assister l'expression intuitive de la vérité.

25. LE TEMPLE

Foyer

Je ne cherche plus mon foyer en dehors de moi-même.

Mots-clés : perdu, trouvé, équilibré

Taygète vous assure que vous n'avez pas besoin de chercher au-dehors pour trouver le bonheur, la paix ou un refuge. Entrez en vous et trouvez votre sanctuaire intérieur pour vous sentir centrée et bien chez vous. Prenez conscience de l'endroit où vous placez les conditions de votre bonheur. Ni une autre personne ni un lieu différent ne peuvent vous compléter parce que vous êtes déjà parfaite.

Le fait de chercher désespérément un nouveau foyer, un travail ou un partenaire pour vous compléter revient à confier votre pouvoir à l'extérieur. Le bonheur est une œuvre personnelle. Trouvez-le dans le sacré en découvrant maintenant votre temple intérieur.

26. LA GRILLE DE L'ÉTOILE TRIPLE

S'aligner

Je me connecte et m'aligne sur ma conscience supérieure.

Mots-clés : s'unir, clarté, savoir intérieur

Taygète vous incite à vous unir à la grille de l'étoile triple qui entoure notre précieuse Terre mère. Une transformation multidimensionnelle et des torrents de conscience supérieure vous attendent. Vous avez le pouvoir de vous unir intentionnellement au halo électromagnétique de notre planète sacrée pour recevoir des messages cognitifs clairs. La précognition ou « connaissance psychique claire » est un génie intrinsèque, à vous de l'utiliser.

Votre croissance spirituelle a été accélérée afin que vous puissiez accomplir votre but le plus élevé. Vos étoiles s'alignent et vous êtes encouragée à équilibrer vos chakras pour une réception intuitive claire. C'est votre destin d'être au service de la collectivité.

27. LA CONTEUSE

Intention

Je suis la narratrice de ma vie.

Mots-clés : planifier, recadrer, poursuivre

Vous créez votre propre réalité à partir de vos pensées, sentiments, paroles et actions. Taygète vous demande de vous assurer que les vôtres sont intentionnels et de haute vibration. Tout est connecté, coopératif et déterminé. Vous avez le libre arbitre de créer avec votre mission à l'esprit.

Illustrez votre appel supérieur et votre mission divine avec détermination. Ne vous hypnotisez pas à créer depuis vos croyances inconscientes limitées. Soyez maintenant émancipée par le sacré afin de reconsidérer la réalité que vous acceptez.

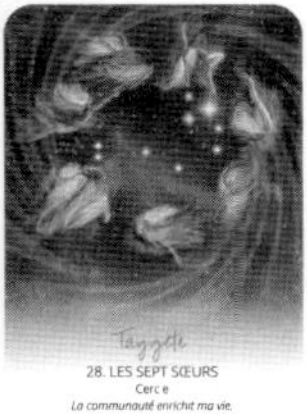

28. LES SEPT SŒURS

Cercle

La communauté enrichit ma vie.

Mots-clés : connexion, collectivité, collaboration

Ensemble, on réussit mieux ! Une vraie communauté approfondit et magnifie les missions et les succès à la fois collectifs et personnels. La compétition et la comparaison créent la disharmonie. Entourez-vous de sœurs qui vous soutiennent afin de pouvoir célébrer vos réussites ensemble. Les amitiés aux goûts partagés enrichissent votre vie d'un encouragement et d'une connexion mutuels.

Notre lignée communautaire du féminin divin remonte aux prêtresses, aux guérisseuses et aux oracles des anciens temples disséminés sur notre Terre mère. Unies comme des sœurs, nous entretenons et nourrissons à la fois la terre et chacune d'entre nous. Unies, nous créons la compassion, la paix et la réconciliation.

29. L'ÉTOILE AIGUE-MARINE

Expression

J'exprime mon intuition avec amour et confiance en moi.

Mots-clés : aisé, fluide, écoulement

L'énergie sereine de l'aigue-marine en fait une compagne cristalline fondamentale pour la paix et le bien-être. Associé au chakra de la gorge, ce cristal encourage l'expression orale, améliore la communication spirituelle et fait sauter les blocages.

L'étoile aigue-marine vous incite à exprimer vos visions intuitives avec compassion et confiance en vous. Taygète vous encourage à partager votre sagesse utile avec conviction et assurance. La crainte empêche souvent la fluidité et la transparence de l'expression. Concentrez-vous sur le service et l'amour, pas sur la peur. Quand vous exprimez votre vérité intérieure, les autres écoutent.

30. LA MYSTIQUE

Magie

Je tisse ma magie et je m'abandonne à l'univers.

Mots-clés : requête, activités manuelles, concentration

Vous entrez dans un cycle puissant de matérialisation et d'abondance cosmiques. Soyez prête à cocréer joyeusement avec l'univers et à vous ouvrir pour recevoir un flot régulier de bienfaits magiques. Vous êtes dans votre flux créatif et vous manifestez votre magie avec joie. Dans cet espace de béatitude créative, le succès n'est qu'un effet secondaire.

Taygète soutient votre abandon au mysticisme universel de la Créatrice. Embrassez toute la luxuriance et l'amour dont vous êtes vraiment digne. Vous êtes la tisseuse magique et mystique, qui intègre tous les éléments avec intention et concentration. C'est une période d'accomplissement et de célébration.

Famille Astérope

Astérope

Astérope est l'une des étoiles les plus faibles de la constellation des Pléiades et il est parfois difficile de la voir à l'œil nu. Son nom signifie « éclair » ou « face d'étoile », et on l'appelle souvent « la Mère étoile ».

Chakra : troisième œil

Cristal : lapis-lazuli

Bref historique et mythologie : Astérope était une princesse populaire qui devint plus tard une reine vénérée, mariée au roi Œnomaos de Pise. Elle était une dirigeante-née, une visionnaire et une mère bienveillante pour son peuple. Astérope apparaît parfois comme l'Océanide qui était la mère des sirènes. Dans ce rôle, elle était considérée comme une nourricière naturelle et un phare de lumière pour ses filles. Ses totems sacrés sont le cheval, le papillon et la pomme golden. Il existe d'ailleurs un papillon qui porte son nom, l'astérope.

Archétype : la visionnaire

Possédant le don de prémonition et de vision intuitive, Astérope représente la visionnaire. En tant que clairvoyante, elle a des visions médiumniques et peut prédire l'avenir de la collectivité universelle. Elle rêve de faciliter l'ascension cosmique par sa grâce et son commandement empathique. Elle illustre le chakra du troisième œil, en vous aidant à vous connecter à votre vision intérieure et à votre imagination créative.

Les autres archétypes d'Astérope sont la mère, la créatrice et la vieille femme sage. Sous ces aspects, elle soutient la renaissance, la fertilité et la force féminine. Elle vous aidera à trouver, à réaliser et à matérialiser votre but le plus élevé, puis à le nourrir jusqu'à maturité.

31. L'ÉTOILE MÈRE
Aimée
La mère universelle m'aime et me soutient totalement

31. L'ÉTOILE MÈRE

Aimée

La mère universelle m'aime et me soutient totalement.

Mots-clés : chérie, nourrie, résolution

L'étoile mère s'est montrée parce que vous devez vous sentir un peu perdue ou seule en ce moment. Astérope veut que vous sachiez que vous êtes l'enfant chérie du cosmos et que vous êtes toujours aimée et soutenue.

En tant qu'enfant des étoiles, vous avez une double mission sur terre, à la fois personnelle et collective, pour accélérer la vibration de notre planète. Vous pouvez être appelée à un objectif plus élevé, écologique, philanthropique ou unificateur. La mère universelle est là pour vous guider, vous réconforter et vous chaperonner, dès que vous embrasserez votre mission divine.

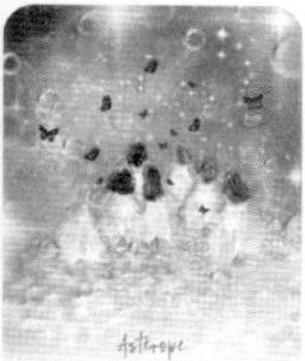

32. LES ÉTOILES FILLES
Danser
Je danse, je chante et je joue avec mes sœurs au crépuscule.

32. LES ÉTOILES FILLES

Danser

Je danse, je chante et je joue avec mes sœurs au crépuscule.

Mots-clés : sœurs de cœur, tribu d'âmes, célébration

Les étoiles filles vous encouragent à vous amuser, à vous connecter et à collaborer avec des amies qui sont sur la même longueur d'onde que vous. Votre vibration attire votre tribu. Alors, vibrez plus haut, cher cœur !

Rire, bavarder et cocréer de la magie est une alchimie enivrante. La connexion en bon accord amplifie et magnifie la synergie magique. Un dévouement de cohésion à l'unité, à l'intégrité et à l'égalité représente une médecine puissante. Quand nous nous rassemblons, des miracles se produisent. Fréquentez des gens qui célèbrent les réussites de leurs amis et élevez-vous très haut avec vos sœurs !

33. LE VERGER SACRÉ

Cocréer

Ma façon de voir l'abondance attire des bienfaits illimités.

Mots-clés : positivité, attitude, prospérité

Soyez sûre qu'un flux régulier d'abondance est disponible pour vous en ce moment. Astérope vous rappelle que vos pensées sont des graines qui créent soit des fruits, soit des pousses indésirables dans votre verger sacré. Il est important de garder un état d'esprit positif afin d'attirer une prospérité infinie.

Soyez consciente de vos mantras négatifs inconscients qui créent un schéma de manque et de victimisation. La valeur que vous vous accordez détermine votre richesse, alors vivez en alignement avec votre divinité. Quand vous vous organiserez pour attirer intentionnellement vos désirs, vous recevrez des occasions illimitées. Comprenez que vous êtes digne de vivre une abondance de joie !

34. LA VISIONNAIRE

Éveillée

Depuis une perspective intuitive, je perçois toute la situation dans son ensemble.

Mots-clés : conscience, révélation, expansion

Vous êtes la visionnaire éveillée à votre perception intuitive. Vous avez le pouvoir et le potentiel pour voir la perspective la plus élevée. Astérope vous guide pour entrer dans votre lumière intuitive avec amour et perspicacité, pour une expansion de votre conscience de vous-même. Vous êtes une pacificatrice qui inspire l'unité, l'intégrité et la conscience supérieure.

Vous possédez le don de la vision intérieure et de la prémonition intuitive. Avec ce pouvoir, vous regardez devant vous et voyez vos buts se matérialiser sous vos yeux. Rêvez en grand, car votre vision se réalisera si votre intention est courageuse.

35. L'ÉTOILE LAPIS-LAZULI

Lumière stellaire

Ma vision intérieure me guide vers mon plus haut objectif.

Mots-clés : vision, perception, passion

L'étoile lapis-lazuli inspire un pouvoir personnel et spirituel. Ce vortex énergétique révèle la vérité intérieure, encourage la conscience de soi et facilite l'expression intuitive confiante. Le lapis-lazuli est connu pour ouvrir le chakra du troisième œil et équilibrer celui de la gorge. Il stimule la vision médiumnique et augmente la mémoire et l'interprétation des rêves.

Portez un lapis-lazuli ou posez-le sur votre gorge pour amplifier la clairvoyance et la visualisation. En collaboration avec le troisième œil, ce cristal clarifie la connexion psychique, accroissant ainsi le contact avec le plan de l'esprit pour des messages curatifs.

36. LE COSMOS

S'élever

Je me connecte à l'unité et j'élargis ma conscience.

Mots-clés : unité, unisson, s'élever

Vous êtes dans un cycle puissant d'expansion spirituelle. Cette ouverture à la conscience de l'unité accélère votre développement spirituel et votre conscience psychique. Le fait de comprendre que nous sommes tous connectés ouvre votre vision médiumnique pour révéler une connexion parfaite avec les plans les plus élevés.

Les sœurs du cosmos vous soutiennent pour élargir votre conscience au potentiel infini et aux possibilités illimitées qui s'offrent à vous. Élevez votre vibration et ascensionnez jusqu'à la vision de l'unité offerte par les Pléiades. La volonté d'avoir une vision plus élevée crée l'expansion

Famille Mérope

Mérope

Mérope est l'étoile la plus faible de l'amas des Pléiades. Elle est blanche et violette, mais souvent invisible à l'œil nu. Son nom signifie « visage tourné », en référence au mythe qui entoure sa disparition du ciel nocturne.

Chakra : couronne

Cristal : diamant

Bref historique et mythologie : Mérope est profondément connectée à sa mère Pléioné, la déesse de la mer et de toutes les eaux sacrées – océans, rivières et lacs. Ses mausolées sacrés étaient souvent des temples marins. Dans la plupart de ses mythes, Mérope était la mère dévouée de nombreux enfants, à la fois les siens et ceux qu'elle avait adoptés. C'était une reine sage venant d'une fière lignée de souverains vénérés, et elle se dévouait aux enseignements et aux rituels spirituels.

Mérope fut la seule des sœurs à épouser un mortel, le roi Sisyphe, connu pour ses nombreux crimes contre les dieux. On dit qu'elle avait tellement honte des crimes de son mari qu'elle cachait son visage, affaiblissant progressivement la luminosité de la septième étoile des Pléiades. Cependant, d'autres textes historiques décrivent Mérope et son mari mortel comme un couple puissant qui partageait la vision d'une société utopique. Ils s'efforcèrent de construire un royaume florissant et y parvinrent.

Archétype : la prêtresse

Les attributs divins de Mérope illustrent la prêtresse, la femme médecine et les archétypes de la femme et du chaman. Son portail galactique est le chakra couronne qui élargit la précognition (« connaissance psychique claire ») et la connexion aux courants supérieurs de la connaissance universelle. Sous son aspect de prêtresse, Mérope est dévouée au service spirituel, à la guérison et à l'enseignement. C'est une voix et un leader de l'unité, de la transformation et de l'équilibre dans le monde. C'est une praticienne dévouée de l'illumination et de la croissance spirituelle. En tant que guide hautement intuitif qui inspire les autres par l'exemple, c'est une femme qui détient un espace sacré pour les rituels divins et la pratique au niveau de l'âme en vue de l'évolution collective. En tant qu'enseignante de l'amour, Mérope incarne la sagesse et la conscience harmonieuse.

37. LA PRÊTRESSE

Incarner

Je suis une incarnation du féminin divin.

Mots-clés : personnifier, dévotion, caractère sacré

Des mystères, des visions intuitives et des talents cachés vous sont révélés. Votre lignée ancestrale et les souvenirs de vies passées révèlent une sagesse ancienne qui reconnaît votre divinité féminine. Mérope vous aide à assimiler vos qualités sacrées de prêtresse et à entrer dans votre pouvoir féminin. Laissez briller la lumière de votre intuition et élevez la vibration collective.

Entrez en vous afin de débloquer et d'embrasser votre énergie multidimensionnelle de prêtresse pour votre émancipation et un apprentissage supérieur. Votre but le plus élevé comprend le commandement, la guidance et la guérison spirituels. Vous êtes la prêtresse intuitive de compassion, d'amour et de sagesse.

38. L'ÉTOILE DÉCHUE

Honte

Je ne cache plus mon visage.
J'entre dans ma lumière.

Mots-clés : disgrâce, pardon, libération

Mérope, l'étoile déchue, a surmonté l'humiliation et les blessures passées avec un abandon tranquille, du pardon et de l'autocompassion. Elle s'est de nouveau relevée comme guerrière. Vous pouvez sans danger sortir de votre cachette. Les Sept Sœurs des Pléiades vous encouragent à laisser partir le passé dans l'amour et la lumière stellaire libératrice.

Libérez-vous ! Cessez de vous corriger. Vous avez le don de libre arbitre, utilisez-le pour vous dégager de l'hameçon. Sachez que tout le monde fait des choses répréhensibles. Vous êtes plus forte, plus sage et plus illuminée grâce au développement de l'âme que vous avez expérimenté. Il est temps de lâcher prise et d'avancer.

39. LA FEMME MÉDECINE

Guérir

Je nourris mon esprit, mon corps et mon âme.

Mots-clés : repos, récupération, réparation

Vous avez la capacité de vous guérir. Mérope vous aide à écouter la sagesse de votre corps pour vous réapprovisionner de la façon qui vous convient le mieux. La femme médecine vous encourage à prendre la responsabilité de votre santé de manière plus holistique.

En tant qu'être multidimensionnel, vous avez besoin de prendre des initiatives afin de maintenir votre bien-être mental, émotionnel, spirituel et physique. Les remèdes énergétiques et naturels favorisent une santé optimale. Reconnaissez vos capacités de guérison intuitive et chamanique.

40. Le miroir

Réfléchir

Je lève le miroir, je vois, accepte et aime ce que je suis.

Mots-clés : ego, ombre, authenticité

Mérope favorise l'acceptation inconditionnelle de soi et vous encourage à vraiment vous aimer avec tous vos défauts ! Levez le miroir et soyez honnête avec vous-même. Cessez de vous mentir. Comprenez que vous méritez d'être aimée.

Le véritable amour de soi apparaît quand vous êtes capable de jeter sur vous un regard profond et rigoureux, et d'apprendre à aimer vos aspects sombres et lumineux. Notre dualité crée un équilibre intérieur sacré. Intégrez votre côté sombre pour une illumination transformatrice. L'authenticité est votre seule lumière dans le monde, étincelez alors avec assurance et compassion pour vous-même.

41. L'ÉTOILE DIAMANT

Destinée

Je me concentre sur le service et sur mon but le plus élevé.

Mots-clés : purifier, amplifier, s'engager

L'étoile diamant entretient la passion, la dévotion, l'amour et l'abondance. Amplificateur neutre de l'énergie, le diamant est une pierre précieuse qui améliore la pureté, la clarté et l'engagement. Il fournit un lien limpide entre le chakra couronne et le Divin, augmentant ainsi la précognition (« connaissance psychique claire »).

L'étoile diamant purifie l'aura de tout ce qui dissimule la lumière intérieure d'une personne, permettant à son âme de rayonner dans le monde. Mérope vous aide à dévoiler les aspirations de votre âme et à magnifier votre conscience spirituelle.

42. PORTAILS DE LUMIÈRE

Infini

J'ai un accès illimité à l'esprit divin.

Mots-clés : conscience supérieure, potentiel, intellect

Mérope et le roi Sisyphe, son mari humain, vous aident à fusionner avec votre conscience supérieure. Ils partageaient en couple l'idée que la dévotion au développement personnel frayait un chemin de lumière jusqu'à l'esprit divin. Ce pouvoir vous est également disponible.

Utilisez votre vision intellectuelle, votre intuition et votre persévérance pour réaliser votre véritable potentiel. Inspirez-vous de la persévérance de Sisyphe et de la sagesse intuitive de Mérope. Vous avez un accès illimité au pouvoir de la Créatrice.

Famille Atlas et Pléioné

Atlas et Pléioné

Atlas et Pléioné sont les deux dernières étoiles qui forment la constellation des Pléiades. Atlas, la plus brillante des deux, se trouve juste sous Pléioné. Dans la mythologie grecque, ils étaient des amoureux célèbres, parents de sept filles, les étoiles des Pléiades.

Bref historique et mythologie :
Atlas, fils du Titan Iapetus et d'Asia, la déesse de l'océan, est davantage connu comme le Titan qui mena une guerre perdue contre les Olympiens. Après sa défaite, il fut condamné par Zeus à porter le cosmos sur son dos pour l'éternité.

Pléioné, l'une des trois mille filles des Titans Océanus et Téthys, était une océanide, une nymphe et un esprit de la nature. Connue comme la « mère de l'océan », elle est la déesse de toutes les eaux sacrées et des nuages de pluie. Pléioné représente la créativité, l'intuition et la purification. Son amour est infini et inconditionnel. Elle nous hydrate, nous entretient et nous nourrit. Elle peut se montrer féroce et implacable si nécessaire.

Archétypes : la Mère et le Père

Pléioné et Atlas symbolisent l'union sacrée du féminin divin et du masculin divin. Ensemble, ils sont l'essence unifiée des archétypes de la Mère et du Père. Leur partenariat réciproque, créatif et d'un soutien mutuel représente l'équilibre divin entre dieu et déesse. Pléioné diffuse si fort sa lumière qu'elle guide à la fois son cher Atlas et tout l'univers. En retour, il la soutient avec le cosmos tout entier.

Ils partagent la mission sacrée qui est d'aimer inconditionnellement. Ensemble, dans une étreinte totale, ils font respecter leur vision commune d'un monde d'équilibre. En tant qu'archétype de la Mère, Pléioné est aussi reine, déesse et créatrice. En tant qu'archétype du Père, Atlas est aussi roi, dieu et créateur. Ils aiment et soutiennent leurs enfants sans réserve et règnent ensemble avec conviction et intégrité. Ils cocréent une synergie magique.

43. PÈRE DU CIEL
Dieu
Je libère le poids du monde de mes épaules

43. PÈRE DU CIEL

Dieu

Je libère le poids du monde de mes épaules.

Mots-clés : masculin divin, roi, créateur

Atlas porte le poids du monde sur ses épaules. Il vous implore de confier vos fardeaux au Père du ciel pour les transmuter. Il est temps de guérir et d'unifier le masculin divin dans votre monde. Peut-être devez-vous pardonner à la figure paternelle en vue de votre propre transformation ? Peut-être en avez-vous beaucoup trop sur le cœur ?

Quoi qu'il en soit, il est temps de libérer, d'abandonner et de déléguer. Demandez de l'aide. Atlas soutient votre chemin de vie. Appelez-le pour qu'il vous aide à faire de l'espace énergétique pour la passion, la détermination et l'abondance dans tous les domaines de votre vie.

44. MÈRE DE L'OCÉAN

Déesse

Je m'abandonne au flux illimité et créatif de l'océan.

Mots-clés : féminin divin, reine, créatrice

Pléioné, Mère de l'océan, prie pour le caractère sacré de nos mers et pour le flux infini de nourriture. Elle vous aide à vous laisser porter par l'extraordinaire courant illimité de ses eaux sacrées. Le féminin divin aux multiples facettes s'écoule librement en vous.

Reconnaissez votre divinité et votre souveraineté dans l'amour de vous-même. Il est sans doute temps de lâcher prise, de vous dorloter et de prendre un bon repos. Peut-être devez-vous soigner une mère blessée avec un abandon bienveillant, dans la compassion et l'acceptation.

En toute gratitude

Bec, ma fille bénie, mon éditrice et conseillère professionnelle, merci pour ta guidance qui a mené à terme cette mission sacrée. J'ai une immense gratitude pour ton approche intuitive et pratique.

Steven, mon fils visionnaire, je te remercie pour tes indications. Tu m'inspires chaque jour de ta lumière créative et de ton dévouement pour la qualité.

Tony, mon âme sœur, tu m'aimes et me soutiens toujours. Nous avons cocréé une vie magique tous les deux, et je te remercie grandement pour ton esprit généreux.

Merci Laila Savolainen pour ta magie et ton art intuitif, imaginatif et inspirant. Merci d'avoir compris ma vision et de lui avoir donné vie avec un si grand talent.

Gratitude à Caiti Stevens, maquettiste divine, pour ta créativité, ton enthousiasme et ta persévérance. Tu as intégré le projet avec une telle synergie et tant de lumière.

Merci aux Sept Sœurs des Pléiades qui m'ont guidée intuitivement avec une direction bienveillante. J'ai une gratitude infinie pour vos conseils spirituels, votre amour et votre lumière stellaire.

Avec tout mon amour,
Suzy

À propos de l'auteure

Suzy Cherub a toujours observé les étoiles et suivi son intuition. Elle est médium, auteure, conférencière et coach intuitif. Récompensée comme médium international de l'année 2014, Suzy a aidé des milliers de personnes du monde entier grâce à ses visions et à ses messages de guérison. Aujourd'hui, elle utilise ses dons intuitifs pour enseigner, guider et émanciper les autres afin qu'ils développent leurs propres dons et vivent une vie plus intuitive et plus consciente.

J'ai toujours ressenti une profonde connexion d'âme avec le cosmos, la lune et les étoiles. — Suzy Cherub

À propos de l'artiste

Les journées et les rêves de Laila Savolainen sont remplis d'histoires, de personnages, de créatures, d'inspiration et de magie. Ils se manifestent dans le monde par leurs paroles et leur guidance.

Quand j'étais enfant, je voulais rester chez moi à dessiner, à peindre, à écrire des histoires et à créer. Aujourd'hui adulte, je suis bénie de pouvoir le faire chaque jour ! — Laila Savo ainen

Rejoignez le Temple

Le Temple de l'intuition de Suzy Cherub est un espace gratuit en ligne destiné à partager, à enrichir et à affiner votre intuition. C'est une communauté attentionnée, collaborative et ouverte d'esprit, constituée d'âmes spirituelles et sensibles qui se dédient au développement et à l'expansion de l'intuition.

Pour trouver davantage de renseignements sur le Temple de l'intuition de Suzy Cherub, visitez le site (en anglais) :

www.suzycherub.com

Mérope

38. L'ÉTOILE DÉCHUE

Honte

Je ne cache plus mon visage. J'entre dans ma lumière.

Astérope

32. LES ÉTOILES FILLES

Danser

Je danse, je chante et je joue avec mes sœurs au crépuscule.

Maïa

6. LA REINE AMAZONE

Bataille

Je suis une guerrière dévouée de l'univers.

Maïa

5. L'ÉTOILE RUBIS

Fluidité

J'incarne mon essence authentique et sensuelle.

Céléno

21. L'ENCHANTERESSE

Rêve

Je fais un vœu sur une étoile et mes rêves se réalisent.

Céléno

20. LE TEMPLE INTÉRIEUR

Leçons de vie

Je visite mon côté obscur pour ma croissance spirituelle.

Céléno

19. L'ORACLE

Prévisions

Je suis l'oracle. Mes visions intuitives s'écoulent librement.

Maïa

1. L'AÏEULE

Enseignante

Je suis l'enseignante qui mène à la connaissance de soi.

Atlas et Pléioné

43. PÈRE DU CIEL

Dieu

Je libère le poids du monde de mes épaules.

Mérope

39. LA FEMME MÉDECINE

Guérir

Je nourris mon esprit, mon corps et mon âme.

Électre

14. L'ÉTOILE ÉGARÉE

Renaissance

Sortir de l'ombre, entrer dans la lumière.

Mérope

37. LA PRÊTRESSE

Incarner

Je suis une incarnation du féminin divin.

Maïa

2. ZEUS LE BIEN-AIMÉ

Amoureux

Cette union cosmique sera d'une grande importance.

Céléno

23. L'ÉTOILE JADE

Abandonner

Je suis prête à lâcher prise dans l'autocompassion.

Céléno

22. L'ENFANT SACRÉ

Graine d'étoile

Je suis un enfant divin de l'univers.

Astérope

35. L'ÉTOILE LAPIS-LAZULI

Lumière stellaire

Ma vision intérieure me guide
vers mon plus haut objectif.

Mérope

41. L'ÉTOILE DIAMANT

Destinée

Je me concentre sur le service et sur mon but le plus élevé.

Maïa

4. LA SAGE-FEMME UNIVERSELLE

Naissance

Je donne naissance à des missions sacrées et productives.

Taygète

26. LA GRILLE DE L'ÉTOILE TRIPLE

S'aligner

Je me connecte et m'aligne sur ma conscience supérieure.

Taygète

25. LE TEMPLE

Foyer

Je ne cherche plus mon foyer en dehors de moi-même.

Alcyone

10. AETHUSE, DÉESSE DU SOLEIL

Décollage !

J'ouvre mes sens à la passion et au délicieux plaisir.

Alcyone

9. ÉPOPÉE LE VOYANT

Visionnaire

Je trace étoiles et symboles pour pratiquer la magie.

Alcyone

8. L'IMPÉRATRICE DE LA NUIT

Finale

Après l'orage, j'émerge comme une nouvelle étoile brillante.

7. L'ENCHANTERESSE COSMIQUE

Sorcellerie

J'attire un flot régulier d'abondance.

12. LA CHASSERESSE

Quête

Les Pléiades illuminent ma quête de liberté et d'extravagance.

Mérope

40. LE MIROIR

Réfléchir

Je lève le miroir, je vois, accepte et aime ce que je suis.

24. LA PETITE ÉTOILE

Divin

Mon enfant intérieur est parfait et complet.

Maïa

3. LE MESSAGER AILÉ

Création

Un cap spirituel inspire mon flux créatif.

36. LE COSMOS

S'élever

Je me connecte à l'unité et j'élargis ma conscience.

Atlas et Pléioné

44. MÈRE DE L'OCÉAN

Déesse

Je m'abandonne au flux illimité et créatif de l'océan.

Astérope

33. LE VERGER SACRÉ

Cocréer

Ma façon de voir l'abondance attire des bienfaits illimités.

Électre

15. L'ÉVEILLEUSE

S'élever

J'émerge des cendres comme le soleil levant.

Électre

18. L'ÉTOILE BRILLANTE

Rayonner

Je n'affaiblis plus ma lumière. Je rayonne à la vue de tous.

Électre

13. DÉESSE DE L'ÉQUILIBRE

Égalité

Je crée et j'accueille des relations réciproques.

Alcyone

11. L'ÉTOILE PIERRE DE LUNE

Passion

Je passe un portail d'amour euphorique.

Astérope

31. L'ÉTOILE MÈRE

Aimée

La mère universelle m'aime et me soutient totalement.

Taygète

30. LA MYSTIQUE

Magie

Je tisse ma magie et je m'abandonne à l'univers.

Taygète

29. L'ÉTOILE AIGUE-MARINE

Expression

J'exprime mon intuition avec amour et confiance en moi.

17. L'ÉTOILE AMBRE

Lâchez prise !

J'abandonne et je m'autorise à pleurer.

Astérope

34. LA VISIONNAIRE

Éveillée

Depuis une perspective intuitive, je perçois toute la situation.

Électre

16. L'ÉTOILE DU MATIN

Éclat

Je vise les étoiles ! Briller est mon droit inné.

Mérope

42. PORTAILS DE LUMIÈRE

Infini

J'ai un accès illimité à l'esprit divin.

Taygète

28. LES SEPT SŒURS

Cercle

La communauté enrichit ma vie.

Taygète

27. LA CONTEUSE

Intention

Je suis la narratrice de ma vie.